BEI GRIN MACHT SICH IHR WISSEN BEZAHLT

SCRUM in Projekten. Vorteile und Problemfelder

Vergleich klassischer und agiler Vorgehensweise

Michael Lohfink

Bibliografische Information der Deutschen Nationalbibliothek:

Die Deutsche Nationalbibliothek verzeichnet diese Publikation in der Deutschen Nationalbibliografie; detaillierte bibliografische Daten sind im Internet über http://dnb.d-nb.de abrufbar.

ISBN: 9783346424082
Dieses Buch ist auch als E-Book erhältlich.

© GRIN Publishing GmbH
Nymphenburger Straße 86
80636 München

Druck und Bindung: Books on Demand GmbH, Norderstedt Germany
Gedruckt auf säurefreiem Papier aus verantwortungsvollen Quellen

Das vorliegende Werk wurde sorgfältig erarbeitet. Dennoch übernehmen Autoren und Verlag für die Richtigkeit von Angaben, Hinweisen, Links und Ratschlägen sowie eventuelle Druckfehler keine Haftung.

Das Buch bei GRIN: https://www.grin.com/document/1022196

International University of Applied Sciences Bad Honnef

IUBH Fernstudium

Seminararbeit

Im Modul „Software Engineering" (ISSE)

Thema:

SCRUM in Projekten – Vorteile und Problemfelder

Name: Michael Lohfink

Studiengang: Wirtschaftsinformatik B.Sc.

Abgabetermin: 07. Dezember 2018

Inhaltsverzeichnis

I. Abbildungsverzeichnis

II. Abkürzungsverzeichnis

1. Einleitung

1.1 Relevanz des Themas und Zielsetzung

Durch die fortschreitende Digitalisierung sind die immer schnellere Entstehung neuer Medien, Technologien und Innovationen sowie gesellschaftliche Entwicklungen und Trends für uns nahezu alltäglich geworden. Aus der Perspektive von Wirtschaftsunternehmen sind in diesem Zusammenhang insbesondere die veränderten Marktbedingungen von Bedeutung - immer kürzere Produktlebenszyklen, ein intensivierter globaler Wettbewerb und immer komplexere Aufgabenstellungen machen es im Hinblick auf den langfristigen Unternehmenserfolg notwendig, im Tagesgeschäft flexibel und anpassungsfähig zu bleiben. Das Projektmanagement bildet die Grundlage, um diesen Anforderungen entsprechen zu können (Delp, 2010, S. o.S).

Aufgaben werden immer häufiger in Projekte aufgeteilt, die individuell gesteuert und betreut werden müssen (Mai, 2015, S. o.S). Projektmanagement ist daher in vielen Unternehmen mittlerweile ein fester Bestandteil der Arbeitsorganisation. Dabei wird mit dem klassischen sowie dem agilen Projektmanagement grundsätzlich zwischen zwei Ansätzen unterschieden, wobei insbesondere letzterer aktuell enorm an Popularität gewinnt (Trepper, 2012, S. 2).

Im Rahmen der vorliegenden Arbeit wird der Einsatz von Scrum als populärste Methode des agilen Projektmanagements mit der Vorgehensweise des klassischen Projektmanagements verglichen. Im Verlauf der Arbeit soll festgestellt werden, welche Vorteile das agile Projektmanagement gegenüber dem klassischen Projektmanagement bietet. Darüber hinaus werden typische Problemfelder und Herausforderungen herausgearbeitet, die mit dem Einsatz von Scrum verbunden sind. Ziel der Arbeit ist die Beantwortung der Forschungsfrage „Inwieweit zeigen sich durch den Einsatz von Scrum als agile Projektmanagement-Methode Vorteile gegenüber klassischen Methoden und wo liegen die potenziellen Problemfelder?".

1.2 Thematische Abgrenzung und Vorgehensweise

Im Rahmen der Arbeit erfolgt zunächst eine getrennte Betrachtung des klassischen sowie des agilen Projektmanagements in Form von Scrum. Im Hinblick auf das Ziel der Gegenüberstellung der beiden Methoden werden dabei die grundsätzliche Vorgehensweise, die einzelnen Projektphasen, die projektinterne Rollenverteilung sowie besondere Eigenschaften untersucht.

Auf Grundlage der Erkenntnisse erfolgt anschließend eine direkte, literaturbasierte Gegenüberstellung, anhand derer die Vorteile und Problemfelder von Scrum gegenüber dem klassischen Projektmanagement verdeutlicht werden. Der literaturbasierte Teil der Arbeit wird durch ein Experteninterview gestützt, welches die praktische Relevanz von Scrum als agile Projektmanagementmethode unterstreichen soll. Abschließend erfolgt eine kurze Zusammenfassung der Ergebnisse in Form eines Fazits, in dem die Thematik zusammenfassend reflektiert wird.

2 Klassisches Projektmanagement

2.1 Definition

Das klassische Projektmanagement (KPM) definiert sich durch eine Vorgehensweise, bei dem der Projektablauf zu Beginn des Projektes in aufeinander aufbauende Phasen mit festen Teilzielen eingeteilt wird. Eine Projektphase ist nach DIN 69901 ein zeitlicher Abschnitt des Projektablaufs, der sich durch seine Ziele und Inhalte von den anderen Projektphasen unterscheidet (Sapper, 2007, S. 12). Das Ende einer Phase wird jeweils durch einen Meilenstein abgeschlossen, der die zu realisierenden Ergebnisse beschreibt. Da die einzelnen Projektphasen jeweils die Grundlage für die darauffolgende Phase bilden, muss die jeweils vorgelagerte Phase zunächst vollständig abgeschlossen sein, bevor mit der nächsten Phase begonnen werden kann (Jenny, 2009, S. 48). Im Folgenden wird das Grobschema des klassischen Projektmanagements als idealtypisches Phasenmodell näher betrachtet, wobei jede der vier grundlegenden Projektphasen – Initialisierung, Konzeption, Realisierung und Einführung – einer näheren Betrachtung unterzogen wird. Wichtig sei an dieser Stelle noch zu erwähnen, dass in Abhängigkeit des Projektes die Ausprägungen der einzelnen Projektphasen sehr stark variieren können – so hängt es immer von der Projektart und/oder der Projektorganisation ab, welche Phasen ein Projekt zu durchlaufen hat (Vorlauf, 2008, S. o.S).

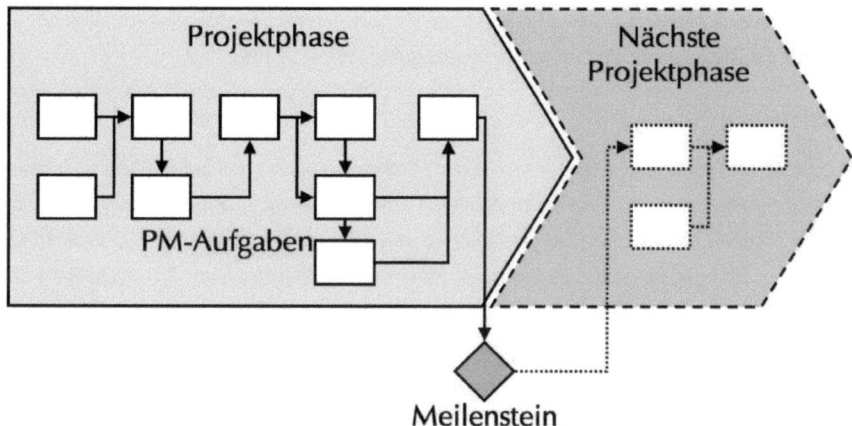

Abbildung 1 - Elemente Projektablauf-Modell

2.2 Initialisierungsphase

Die Initialisierungsphase stellt die aus projektpanischer Perspektive elementarste Phase dar (Wieczorrek, 2011, S. 57) . Sie dient vor allem dazu, die vom Auftraggeber definierten Anforderungen formal festzuhalten, damit der Auftragnehmer offiziell den Projektauftrag erhalten kann. Die festgehaltenen Anforderungen repräsentieren somit den Soll-Zustand bzw. die Abweichung zum derzeitigen Ist-Zustand (Jenny, 2009, S. 158). Zu den typischerweise in dieser Phase anfallenden Aufgaben zählen u.a. die *Durchführung einer Situations-, Umfeld- und Machbarkeitsanalyse*, eine erste *Aufwand- und Kostenschätzung* sowie die *Vergabe des Projektauftrages* (Gubelmann & Romano, 2011, S. 25). Diese im Rahmen der Initialisierungsphase festgehaltenen Informationen und Vereinbarungen bilden die Basis für den weiteren Verlauf des Projektes (Wieczorrek, 2011, S. 57). Gem. DIN 69901-2 unterteilt sich die Initialisierungsphase in vier Prozessschritte: Freigabe erteilen; Zuständigkeit klären; PM-Prozesse auswählen; Ziele skizzieren (Angermeier, 2012, S. o.S).

2.3 Konzeptionsphase

Nachdem die Projektanforderungen festgehalten und der Projektauftrag offiziell erteilt wurde, folgt die Konzeptionsphase. Das Ziel dieser Phase besteht in der *Ableitung ausführungsreifer Lösungsvarianten* auf Grundlage der im Projektauftrag definierten Anforderungen (Jenny, 2016, S. 54). In der Konzeptionsphase gilt es somit herauszuarbeiten, auf welche Weise der zuvor formulierte Projektauftrag konkret umgesetzt werden soll. Dieser Schritt umfasst die detaillierte Ausarbeitung von durchzuführenden Funktionen sowie die *Definition von In- und Outputs, Prozessen, Elementen und Modellen* (Jenny, 2016, S. 210). Anschließend erfolgt eine *Bewertung sowie gegenseitige Abwägung der potenziellen Lösungsvarianten* mittels *einer Kosten-Nutzen-Analyse*. Die Konzeptionsphase schließt mit der *Entscheidung für eine der Lösungsvarianten*, welche die Grundlage für die Realisierung des Projektes bildet (Jenny, 2009, S. 168).

2.4 Realisierungsphase

Nach Abschluss der Planungen in den ersten beiden Projektphasen folgt mit der Realisierungsphase die konkrete Umsetzung der zuvor erarbeiteten Pläne (Jenny, 2016, S. 229). Auf die Realisierungsphase – oftmals auch Durchführungsphase genannt – entfällt mit 70-90 Prozent der Projektdauer der mit Abstand größte Zeitaufwand der einzelnen Projektphasen. Sie umfasst die drei fortlaufenden Projektmanagement-Aufgaben *Information & Kommunikation*, *Projektcontrolling* und *Dokumentation*, die im Zuständigkeitsbereich des Projektleiters liegen.
Information & Kommunikation bezieht sich auf die Verantwortung des Projektleiters, allen Projektbeteiligten gegenüber jederzeit eine angemessene Informationsversorgung sicherzustellen. Dabei wird der Projektfortschritt in der Regel durch Präsentationen und/oder Projektsitzungen kommuniziert. Zu den weiteren Aufgaben des Projektleiters im Rahmen der Information & Kommunikation gehört das Projekt-Marketing. Dabei handelt es sich um eine werbende Darstellung des Projekts gegenüber allen beteiligten internen und externen Anspruchsgruppen.
Die Kernaufgabe des Projektleiters im Rahmen der Realisierungsphase besteht im *Projektcontrolling*. Im Rahmen dessen werden tatsächliche Abweichungen vom Soll-Zustand erkannt und potenzielle Abweichungen idealerweise frühzeitig antizipiert. Infolgedessen wird

entschieden, wie auf diese Abweichungen zu reagieren ist. Dabei stellen die zuvor erwähnten Meilensteine ein nützliches Tool dar. Anhand der in den Meilensteinen festgehaltenen Zwischenergebnisse können bereits durchgeführte Projektschritte kritisch reflektiert werden, was den Projektleitung ermöglicht, notwendige Korrekturen vorzunehmen. Dabei ist der Projektauftraggeber über jede Korrektur bzw. Änderung in Kenntnis zu setzen.

Einen hohen Stellenwert besitzt auch die *Dokumentation*, welche zugleich die dritte Projektmanagement-Aufgabe der Projektleitung im Rahmen der Realisierungsphase darstellt.

Die Dokumentation des Projektablaufs hält den Projektverlauf fest und beinhaltet beispielsweise Planungsschritte, Präsentationen oder Ergebnisprotokolle. Sie sollte nachvollziehbar und transparent gestaltet sein, so dass sich die darin enthaltenen Informationen und Erfahrungen für zukünftige Projekte nutzen lassen. Eine ordnungsgemäße und sorgfältige Dokumentation stellt neben dem Projektprodukt den zweiten wichtigen Baustein einer erfolgreichen Auftragserfüllung dar, weshalb sie als grundlegende Voraussetzung für die Abnahmebereitschaft seitens des Auftraggebers gilt (Vorlauf, 2008, S. o.S).

2.5 Einführungsphase

Nach Abschluss der Realisierungsphase und der damit verbundenen vollständigen Erfüllung des Auftrags ist das Projektprodukt bereit für die Abnahme durch den Auftraggeber. In der Einführungsphase zu erledigende Aufgaben umfassen die *Übergabe an den Auftraggeber*, eine mögliche *Umstellung der Organisation von alt auf neu*, die *Durchführung von Daten- und Dokumentationskonversionen*, die *Erstellung eines Projektabschlussberichts* sowie die *Auflösung des* Projektteams und das *Außerkraftsetzen des alten Produkts*. Abhängig von der Komplexität des Produkts lässt sich Im Hinblick auf den zeitlichen Aspekt der Einführung grundsätzlich zwischen drei Varianten unterscheiden. Bei der schlagartigen Einführung ist ein fester Termin definiert, an dem das Projektprodukt vollständig eingeführt wird. Die stufenweise Einführung bezeichnet eine Vorgehensweise, bei dem das Projektprodukt Schritt für Schritt eingeführt wird. Bei der parallelen Einführung bleiben Alt- und Neuprodukt bis zur finalen Entnahme des alten Produkts bestehen (Jenny, 2016, S. 234).

3 Agiles Projektmanagement – Scrum

3.1 Definition und Ablauf

Scrum ist eine agile Projektmanagement-Methode, die ihren Ursprung in der Softwareentwicklung hat. Im Gegensatz zum KPM, bei dem bereits vor Projektbeginn ein konkretes Zielergebnis und entsprechende Teilaufgaben definiert werden, basiert das agile Projektmanagement auf einer iterativen Vorgehensweise, bei der die Entwicklung in mehreren sich wiederholenden Zyklen durchgeführt wird (Wieczorrek, 2010, S. 113 f.). Laut Schneegangs basiert der Hintergrund für dieses Vorgehen darauf, dass Projekte - insbesondere im Bereich Entwicklung - aufgrund ihrer Komplexität häufig schlicht nicht vollständig planbar sind (Schneegans, 2012, S. 4). Der Einsatz von Scrum als agile Projektmanagement-Methode ermöglicht es Organisationen, anpassungsfähig zu bleiben und somit kurzfristig auf veränderte Projektanforderungen, Marktbedingungen und sonstige Veränderungen zu reagieren. Scrum definiert dabei nur wenige Regeln, welche sich im Wesentlichen auf drei Rollen, drei Artefakte und fünf Aktivitäten beschränken. Scrum-Projekte basieren auf sich regelmäßig wiederholenden Arbeitsabläufen (Iterationen), die auch *Sprints* genannt werden. Das Ziel eines jeden Sprints besteht dabei in der Entwicklung eines funktionsfähigen Zwischenprodukts, welches wiederum als Produktinkrement bezeichnet wird. Die maximale Durchlaufzeit bzw. Bearbeitungsdauer eines Sprints beträgt 30 Tage und wird zu einem zu Beginn festgelegten Termin final abgeschlossen (Rubin & Lichtenberg, 2014, S. 50).

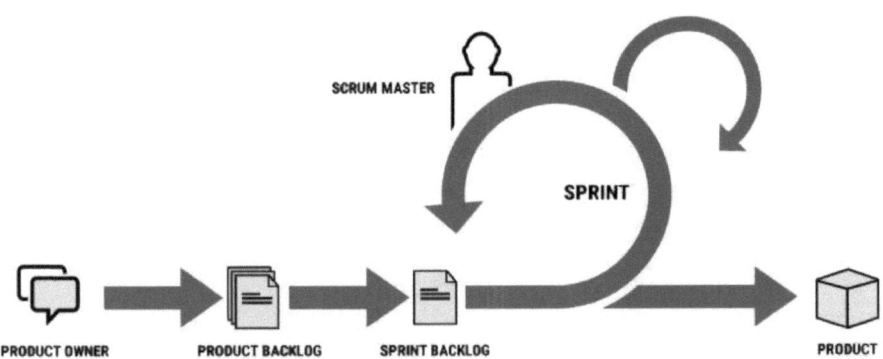

Abbildung 2 - Scrum Prozess

3.2 Grundwerte in Scrum: Agiles Manifest

Im Jahr 2001 trafen sich in Snowbird, Utah (USA) zahlreiche Projektmanagement-Experten, um über neue Projektmanagementkonzepte zu diskutieren. Ergebnis des Meetings war das „Agile Manifest", in dem die folgenden vier Grundwerte der agilen SW-Entwicklung festgehalten wurden (Meyerbröker, 2011, S. 6):

- **Individuen und Interaktionen** mehr als Prozesse und Werkzeuge
- **Funktionierende Software** mehr als umfassende Dokumentation
- **Zusammenarbeit mit dem Kunden** mehr als Vertragsverhandlung
- **Reagieren auf Veränderungen** mehr als das Befolgen eines Plans

Schon bei der ersten Betrachtung der vier Grundwerte wird schnell klar, worauf man sich im Rahmen des APM fokussieren möchte: Der Kunde und die Befriedigung seiner Bedürfnisse und Wünsche stehen im Vordergrund, wohingegen Prozesse und Werkzeuge, aufwändige Dokumentationen und das Festhalten an altbewährten Vorgehensweisen in den Hintergrund rücken. Verdeutlicht wird dies noch einmal anhand von 12 festgelegten Prinzipien, welche ebenfalls einen Bestandteil des agilen Manifests darstellen. Da die vier o.g. Werte das Prinzip in ausreichender Form darstellen, werden diese in der vorliegenden Arbeit jedoch nicht näher behandelt.

3.3 Rollen

Im Hinblick auf die Projektverantwortlichkeiten beschränkt sich Scrum auf drei Rollen: Der *Product Owner*, der *Scrum Master* und das *Entwicklungsteam,* die gemeinsam das *Scrum Team* bilden (Wanner, 2018, S. 49 f.)

Der *Product Owner*, dessen Zuständigkeit insbesondere in der Vereinigung von Produkt- und Projektmanagement liegt, nimmt eine zentrale Rolle im Scrum Team ein und beeinflusst mit seinem Handeln maßgeblich den Produkt- bzw. Projekterfolg (Wanner, 2018, S. 52). Er repräsentiert den AG und dessen Bedürfnisse, ist zugleich aber auch selbst an der Produktentwicklung beteiligt. Dies bringt den Vorteil mit sich, dass die Projektanforderungen jederzeit angepasst werden können (Pichler, 2008, S. 9 ff.) In seiner zentralen Rolle verantwortet er zudem die Produktvision, das Product Backlog, Erwartungen seitens des Auftraggebers sowie die Festlegung konkreter Ziele für die einzelnen Sprints. Darüber hinaus gehören die Erarbeitung und Konkretisierung der Produkteigenschaften sowie die Entscheidung hinsichtlich des Ablaufs der Einführungsphase zu seinen Aufgaben. Da der Product Owner die Hauptverantwortung für das Produkt trägt und jederzeit in der Lage sein muss, Änderungen der Anforderungen und sonstige Wünsche des Auftraggebers zu berücksichtigen, muss er permanent in Kontakt zu allen relevanten Stakeholdern stehen (Meiners, 2018, S. o.S)

Meist bestehend aus 5-9 Personen und ebenfalls im Zentrum des Scrum-Prozesses positioniert ist das *Entwicklungsteam* (Georg, 2015, S. o.S). Seine Kernaufgabe besteht in erster Linie in der Ausführung aller nötigen Arbeiten, um die aus dem Product Backlog definierten Anforderungen in ein auslieferbares Produktinkrement umzusetzen (Wanner, 2018, S. 55). Ein besonderes Merkmal des Entwicklungsteams stellt die vollständige Selbstorganisation dar - das Team wird mit keinerlei externen Vorschriften konfrontiert. Einzige Ausnahme bilden die direkt produktbezogenen Anforderungen, die vom Product Owner vermittelt werden. Im Sinne einer effektiven Arbeitsweise sollte das Team über ein breites Allgemeinwissen verfügen und nach Möglichkeit interdisziplinär zusammengesetzt sein. Damit wird das Ziel verfolgt, während der einzelnen Sprints nicht auf externe Hilfe zurückgreifen zu müssen (Kerner, 2018, S. 25 f.). Die Zuständigkeit des Teams beschränkt sich allerdings nicht auf die tägliche Ausarbeitung des Sprints, sondern umfasst darüber hinaus auch die Pflege des Product Backlogs, die eigenständige Planung der Sprints und das Testen des Produktes (Heimrath, 2018, S. 33). Laut Dräther, Koschek & Sahling spricht man in diesem Zusammenhang daher häufig auch von einem funktionsübergreifenden („cross functional") Team (Dräther, Koschek, & Sahling, 2013, S. 59).

Die dritte Rolle im Scrum Team nimmt der *Scrum Master* ein. Seine Rolle lässt sich mit der eines Trainers bzw. Coaches vergleichen, dessen Hauptaufgabe vor allem darin besteht, den Projekterfolg sicherzustellen (Kerner, 2018, S. 27). Die aktive Mitarbeit an der konkreten Umsetzung des Projektes fällt nicht in seinen Zuständigkeitsbereich. Vielmehr ist er dafür verantwortlich, auf die Einhaltung der Scrum Regeln zu achten und Behinderungen oder Störungen im Ablauf zu beseitigen (Raaven, 2018, S. o.S). Der Scrum Master ist somit als kontrollierende Instanz zu verstehen, die den Überblick über das Projekt als Ganzes behält und bei Bedarf aktiv wird. Auch Kommunikationsprobleme oder Konflikte innerhalb des Teams fallen in seinen Verantwortungsbereich. Die Sicherstellung eines reibungslosen Projektablaufs sowie die Verinnerlichung der Prozesse seitens der Projektbeteiligten machen es für die Rolle des Scrum Masters zwingend notwendig, von Beginn an in das Projekt eingebunden zu sein. In späteren Phasen des Projektes, in denen die Werte und Vorgehensweisen im Scrum-Prozess von den Beteiligten verinnerlicht und verselbständigt wurden, zieht sich der Scrum Master zunehmend aus dem Projekt zurück. Die auf diese Weise freigesetzten Ressourcen werden häufig für einen weiteren Projekteinsatz oder für die Durchführung von Scrum-bezogenen Schulungen und Fortbildungen genutzt (Kerner, 2018, S. 27 f.).

3.4 Product Backlog

Das Product Backlog spielt in Scrum eine zentrale Rolle und zählt zu den wichtigsten Artefakten in einem Scrum Projekt (Kerner, 2018, S. 18). Der Aufbau des Product Backlogs basiert auf den vom Kunden definierten Anforderungen und beinhaltet dabei jegliche Funktionen bzw. Merkmale, die bei der Produktentwicklung zu berücksichtigen sind. Diese stellen sich zu Beginn des Projektes zwar häufig als eher rudimentäre Beschreibung des Produktes dar, jedoch kommt das Product Backlog mit jedem Sprint näher an das Endprodukt. Auf diese Weise werden die Anforderungen an das Produkt sukzessive erweitert und somit im Projektverlauf immer detaillierter (Raaven, 2018, S. o.S).

Da sich dieser Prozess nicht zu bestimmten Zeitpunkten, sondern laufend über die gesamte Projektdauer vollzieht, können Änderungswünsche oder auch neue Anforderungen seitens des Kunden jederzeit berücksichtigt und entsprechend umgesetzt werden. Diese generelle Offenheit in Bezug auf kurzfristige Änderungen bedeutet eine hohe Flexibilität in der Entwicklung, wodurch auch im Falle von veränderten Rahmenbedingungen schnell reagiert werden kann, ohne dabei den Projekterfolg zu gefährden (Neus, Trompeter, & Mandischer, 2011, S. o.S). Das Product Backlog liegt im Verantwortungsbereich des Product Owners und zählt aufgrund seiner hohen Bedeutung zu seinen wichtigsten Werkzeugen. Dabei muss er sowohl die Pflege als auch den inhaltlichen Fortschritt jederzeit im Blick haben (Heimrath, 2018, S. 37).

3.5 Sprints

Unter Sprints versteht man in Scrum kurze Arbeitszyklen, in denen die im Product Backlog festgelegten Anforderungen iterativ in ausführbare Produktinkremente umgesetzt werden. Nach Pichler bezeichnet man einen Sprint daher auch als Iteration. Die Dauer eines Sprints erstreckt sich dabei i.d.R. über einen Zeitraum von maximal 30 Tagen, wobei der Durchlauf des Sprints theoretisch auch im einwöchigen Rhythmus realisierbar ist. Ein Sprint beginnt in Scrum immer mit einer Planungssitzung, welche auch als *Sprint Planning* bezeichnet wird. Im Rahmen der Sitzung trifft das Team zunächst eine Auswahl hinsichtlich der zu entwickelnden Anforderungen für den bevorstehenden Sprint. Einmal am Tag findet darüber hinaus der *Daily Scrum* statt, ein kurzes Meeting, bei dem alle Mitglieder des Teams für 15 Minuten zusammenkommen und sich austauschen. Das Ende eines jeden Sprints wird durch das *Sprint Review* eingeleitet und mit der *Sprint Retroperspektive* abgeschlossen. Im Falle eines erfolgreichen Sprints stellt das Resultat ein fertiges *Produktinkrement* dar, welches durch den Product Owner im Hinblick auf die Anforderungen geprüft und schließlich abgenommen wird (Pichler, 2008, S. 81 ff.) Die verschiedenen Bestandteile eines Sprints werden im Folgenden genauer untersucht.

Jeder anstehende Sprint wird durch ein *Sprint Planning* eingeleitet, in dem die zu bearbeitenden Aufgaben festgelegt werden. Im Rahmen der Sitzung wird in erster Linie geklärt, welche Anforderungen aus dem Product Backlog im bevorstehenden Sprint umgesetzt werden sollen. Alle vom Team ausgewählten Anforderungen werden daraufhin im Sprint Backlog festgehalten und in Aufgabenpakete, welche innerhalb eines Tages zu realisieren sind, aufgeteilt. Die Entscheidung hinsichtlich der zu realisierenden Anforderungen wird dabei stets durch den Product Owner getroffen, wobei dem Entwicklungsteam die Entscheidung über die Herangehensweise obliegt (Jungwirth, 2016, S. o.S).

Das zuvor erwähnte *Sprint Backlog* lässt sich als gegenwärtiger Plan definieren, dessen Inhalt sich auf die im Sprint Planning ausgewählten Anforderungen bezieht. Über diese Anforderungen hinaus werden auch die damit in Zusammenhang stehenden Aufgaben - z.B. Entwicklungstest, Test,

Kontrolle und Dokumentation - im Sprint Backlog festgehalten. Damit gewährleistet werden kann, dass der Status der zu erledigenden Aufgaben im Backlog stets aktuell und übersichtlich für alle Beteiligten dargestellt wird, muss dieses fortlaufend während des Sprints sowie nach Abschluss jeder Aufgabe aktualisiert werden (Meiners, 2018, S. o.S).

Der *Daily Scrum* stellt eines der wichtigsten Abstimmungsinstrumente in Scrum dar (Heimrath, 2018, S. 65). Pichler definiert Daily Scrum als ein 15-minütiges, immer zur gleichen Zeit und am gleichen Ort stattfindendes Meeting, dessen Sinn vor allem in der Analyse von Hindernissen besteht. Das Meeting findet mit dem gesamten Scrum Team statt und bietet allen Mitgliedern gleichermaßen das Recht, sich mit den eigenen Beobachtungen einzubringen. Dabei beantwortet jedes Mitglied die folgenden drei Fragen: 1) Welche Aktivitäten habe ich seit dem letzten Daily Scrum abgeschlossen? 2) Woran arbeite ich bis zum nächsten Daily Scrum? 3) Werde ich in irgendeiner Form bei der Ausführung einer Aktivität behindert? Die im Rahmen der Befragung genannten Hindernisse werden anschließend vom Scrum Master am Flip Chart mit entsprechender Datumsangabe protokolliert (Pichler, 2008, S. 104). Dank dieser Vorgehensweise ist für jedes Mitglied zu jeder Zeit ersichtlich, welche Aufgaben bereits erledigt bzw. noch zu bearbeiten sind (Wanner, 2018, S. o.S).

Am Ende eines jeden Sprints findet das *Sprint Review* statt, welches in der Regel mit zwei bis drei Stunden angesetzt ist. Ziel dabei ist es, die entwickelten Arbeitsergebnisse transparent darzulegen und durch den Product Owner und weitere potenzielle Stakeholder inspizieren und genehmigen zu lassen (Pichler, 2008, S. 107). Der Product Owner überprüft dabei zunächst, welche der im Sprint Backlog definierten Anforderungen tatsächlich umgesetzt wurden, wobei die nicht umgesetzten umgehend wieder in das Product Backlog aufgenommen werden (Jungwirth, 2016, S. o.S). Neben dem Scrum Team sollten auch Kunden und Anwender am Review teilnehmen, um das Zwischenprodukt bei Bedarf überprüfen und testen zu können. Das daraus resultierende Feedback ist für das Entwicklungsteam insbesondere im Hinblick auf das darauffolgende Sprint Planning von hoher Bedeutung, damit die Umsetzung von Änderungswünschen gewährleistet werden kann (Kerner, 2018, S. 15).

Ebenfalls am Ende eines Sprint-Zyklus', jedoch unmittelbar an das Sprint-Review anschließend steht die *Sprint Retrospektive*. Die Sprint Retrospektive ist eine Nachbesprechung, in der die teaminterne Zusammenarbeit durch das Team selbst offen und ehrlich reflektiert werden soll. Darüber hinaus werden Aufgabenverteilung und die jeweiligen Teilfortschritte analysiert sowie eine mögliche Anpassung des Budgets und der Zeitpläne vorgenommen (Fiedler, 2017, S. 233). Ziel hierbei ist es, aus den gewonnenen Erkenntnissen zu lernen und entsprechende Verbesserungsmaßnahmen für den nächsten Sprint abzuleiten. Dabei sollte nach Pichler - unabhängig davon wie erfolgreich ein Scrum Projekt schon läuft und wie gut ein Team bereits zusammenarbeitet - immer davon ausgegangen werden, dass sich das Team und der Prozess stets noch ein Stück weiter verbessern können (Pichler, 2008, S. 111). Im Rahmen der Sprint Retrospektive werden zudem konkrete Probleme ausdiskutiert und Lösungen erarbeitet. Idealerweise übernimmt der Scrum Master die vorübergehende Moderation für diesen Prozess, welcher pro Sprint bzw. Woche nicht länger als maximal 45 Minuten in Anspruch nehmen sollte (Kerner, 2018, S. 15 f.).

4 Vorteile und Problemfelder von Scrum

4.1 Vorteile

<u>Flexibilität</u>

Einer der wohl signifikantesten Vorteile, die Scrum als agile PM-Methode gegenüber dem KPM aufweist, ist die deutlich *höhere Flexibilität*. Aufgrund der steigenden Komplexität der Anforderungen von Projekten werden für deren Durchführung verstärkt flexible Methoden benötigt (Jenni & Wandfluh, 2013, S. 1). Hier stößt das KPM an seine Grenzen: es präsentiert sich als ein sehr starres und plangetriebenes Vorgehensmodell, bei dem davon ausgegangen wird, dass der gesamte Projektverlauf bzw. das Produkt noch vor Projektbeginn zielgenau durchgeplant werden kann (Preußig, 2015, S. 22 f.). Demnach wird - wie in Kapitel 2 bereits erwähnt - jede Phase zunächst vollständig durchlaufen und mit einem Meilenstein abgeschlossen, bevor zur darauffolgenden Phase übergangen wird. Ein Rücksprung zur vorherigen Phase ist nach Abschluss der gegenwärtigen Phase dabei nicht mehr vorgesehen. Im Laufe des Projektes bzw. der Realisierungsphase hinzukommende Anforderungen können somit - wenn überhaupt - nur mit enorm hohem Aufwand berücksichtigt werden, da die Konzeptionsphase bereits abgeschlossen wurde (Arndt & et.al, 2009, S. 7). Ändern sich im Projektverlauf also die Anforderungen, wird in der Folge entweder ein Produkt entwickelt, welches am Ende nicht mehr den aktuellen Anforderungen entspricht, oder die komplette Entwicklung des Produkts wird abgebrochen. Dies hat wiederum zur Folge, dass das gesamte Projekt wiederholt werden muss. Dies ist nicht nur mit zusätzlichen Kosten verbunden, darüber hinaus besteht das Risiko, den Kunden bzw. Auftrag zu verlieren (Neus, Trompeter, & Mandischer, 2011, S. o.S). Bei Scrum wird das Produkt durch die inkrementelle Vorgehensweise „häppchenweise" entwickelt. Für den Start eines Scrum Projektes reicht es aus, wenn nur ein *minimaler Anteil der Anforderungen* vorliegt. Dies hängt vor allem damit zusammen, dass im Rahmen der agilen Entwicklung bereits fest davon ausgegangen wird, dass zu Beginn nur wenige bzw. ein Bruchteil der Anforderungen bekannt sind, da sie erst im weiteren Verlauf durch die im Projekt involvierten Personen formuliert werden. Zudem sind in Scrum *Änderungen der Anforderungen schon zu Projektbeginn fester Bestandteil der Planung* und darüber hinaus auch während der Projektdurchführung jederzeit möglich (Preußig, 2015, S. 41). Die kurzen Zeitabstände zwischen den jeweiligen Produktinkrementen resultieren in *mehr Handlungsspielraum*, der es ermöglicht, *potenzielle Probleme frühzeitig zu erkennen* und auf *Anpassungen schnell und flexibel zu reagieren* (Nell, 2017, S. 24)

<u>Transparenz und Kundenorientierung</u>

Die agile Vorgehensweise von Scrum ist in erster Linie auf die Stakeholder bzw. den Kunden ausgerichtet. Anders als im KPM, bei dem in erster Linie der Vertrag und die Dokumentation im Vordergrund stehen, hat der intensive Austausch mit den Stakeholdern bzw. dem Kunden in Scrum höchste Priorität (Jenni & Wandfluh, 2013, S. 2). Damit wird das Ziel verfolgt, ein funktionierendes

Produkt zu entwickeln, welches den Anforderungen des Kunden genügt und somit den Projekterfolg sicherstellt (Preußig, 2015, S. 43). Die regelmäßig stattfindenden Scrum Meetings, wie der tägliche Daily Scrum, das Sprint Review und die Retroperspektive, dienen der Erfassung des Projektfortschritts und bieten allen Projektbeteiligten *höchstmögliche Transparenz im Hinblick auf den aktuellen Entwicklungsstand* (Willkommer, 2017, S. 18). Durch die kurz gehaltenen Sprints wird kontinuierlich ein funktionsfähiges Teilprodukt erzeugt, welches dem Kunden anschließend präsentiert und von ihm getestet werden kann. Diese Vorgehensweise von Scrum birgt den Vorteil, dass der Kunde fest in den Entwicklungsprozess eingebunden ist, was neben der erhöhten Transparenz auch der *generellen Kommunikationsqualität* sowie der *Kundenbindung* zu Gunsten kommt. Ferner kann durch dieses transparente Vorgehen das *Risiko zusätzlichen Entwicklungsaufwandes reduziert* werden, welcher möglicherweise nicht nötig gewesen wäre. Diese Form von Transparenz und die damit verbundenen *Effizienzvorteile* sind im KPM nicht gegeben (Bause, 2018, S. 6).

Projektorganisation und Effizienz

Ein weiterer Vorteil von Scrum ist der Hierarchieansatz in Bezug auf die Projektorganisation. Während im KPM die Anforderungen „top down" zum Entwicklungsteam durchreicht werden, wird bei Scrum der Ansatz verfolgt, dass sich alle Projektmitglieder möglichst frei entfalten und gleichermaßen Einfluss nehmen können (Nell, 2017, S. 15 f.). Dies führt dazu, dass individuelle Leistungen der Teammitglieder stärker ins Gewicht fallen. So konnte festgestellt werden, dass sich die *Gesamteffizienz und -effektivität der Mitglieder des Entwicklungsteams deutlich erhöht*, wenn sie hinsichtlich der zu realisierenden Aufgaben mehr Eigenverantwortung übernehmen dürfen. Im Vergleich zum KPM ist die Struktur des Entwicklungsteam dabei so aufgebaut, dass sich das Team vollständig selbst organisieren kann. In Bezug auf die Umsetzung der Aufgaben sucht sich das Entwicklungsteam daher selbständig den aus seiner Sicht effizientesten Weg, was sich positiv auf die *Motivation der Mitglieder* sowie den *Teamgeist* auswirkt. Darüber hinaus fördert der vergleichsweise große individuelle Freiraum in der Bearbeitung der Aufgabenpakete die *Kreativität und Ideenfindung der Mitglieder*, was sich wiederum positiv auf das gesamte Projekt auswirken kann (Preußig, 2015, S. 71 ff.).

4.2 Problemfelder

Neben den vielen Vorteilen von Scrum als agile Projektmanagement-Methode gibt es allerdings auch Herausforderungen und Problemfelder, welche im Folgenden näher betrachtet werden. Dabei kann grundsätzlich zwischen den vier Problemdimensionen *Mensch*, *Organisation*, *Prozesse* und *Technik* unterschieden werden (Weinrich, Volland, & Muntermann, 2016, S. 81).

Dimension Mensch

Eine der bekanntesten Herausforderungen bei der Einführung von Scrum in Unternehmen ist die mangelnde *Akzeptanz gegenüber Veränderung* durch die Beschäftigten. Gerade in Bezug auf die Arbeitsweise ist häufig eine ablehnende Haltung gegenüber Veränderung zu beobachten. Dies trifft insbesondere auf Mitarbeiter zu, die über viele Jahre hinweg ein und dieselbe Tätigkeit im Unternehmen ausgeübt haben und sich plötzlich verändern sollen. Konkret erfolgt der Widerstand in derartigen Fällen entweder durch komplette Arbeitsverweigerung in Bezug auf unterstützende Tätigkeiten im Entwicklungsprozess, oder er äußert sich etwa in Form von abfälligen Bemerkungen gegenüber den Arbeitskollegen (Maximini, 2013, S. 24 ff.).

Darüber hinaus werden die häufig *nicht ausreichend vorhandenen Projektmanagement-Kompetenzen* innerhalb der Belegschaft als kritisch betrachtet. Auch *mangelnde Teamarbeit*, bzw. die fehlende Fähigkeit, effektiv im Team zu arbeiten, kann die Implementierung von agilen Methoden weiter erschweren (Weinrich, Volland, & Muntermann, 2016, S. 82).

Dimension Prozesse

In den meisten Unternehmen hängt die Entscheidung über den Einkauf von Produkten oder Dienstleistungen maßgeblich vom jeweiligen Preis ab. Im Falle von Scrum, wo zu Projektbeginn häufig noch mit sehr unscharfen bzw. schwer einschätzbaren Anforderungen gearbeitet wird, lässt sich vorab keine genaue Preiskalkulation durchführen. Dies liegt darin begründet, dass der Verkaufspreis für den Kunden auf den tatsächlich anfallenden Projektkosten basiert, die aufgrund der agilen Vorgehensweise vorab unklar sind. Das nur *mangelnde Wissen über die Projektkosten* stellt für potenzielle Kunden eine Unsicherheit bzw. ein Risiko dar, was beim klassischen Projektmanagement in dieser Form nicht existent ist. Darüber hinaus ist auf Prozessebene die *begrenzte Planbarkeit des Projektes* sowie die *Unklarheit und Flexibilität der Anforderungen* problematisch (Weinrich, Volland, & Muntermann, 2016, S. 81)

Dimension Organisation

Wie im Verlauf der Arbeit deutlich wurde, haben agile Methoden wie Scrum in den vergangenen Jahren enorm an Bekanntheit und Popularität gewonnen. Durch den Trend entsteht in immer mehr Unternehmen der Wunsch, möglichst kurzfristig agile Methoden einzuführen, um zeitgemäß zu handeln und mit der Konkurrenz Schritt halten zu können. Dabei wird jedoch häufig nicht ausreichend berücksichtigt, dass die Einführung agiler Methoden mit einer *Umstellung der Organisationsstruktur* und daher mit großem *zeitlichen, organisatorischen und finanziellen Aufwand* verbunden ist. Auch die *unternehmensinterne Fehlerkultur* ist dabei entscheidend: wie zuvor erwähnt sieht der Grundgedanke von Scrum vor, dass alle Mitglieder des Teams sich selbst und ihre Arbeitsweise permanent reflektieren, um sich kontinuierlich zu verbessern und zu lernen. Fehler werden dabei häufig gar erwünscht, mindestens aber toleriert, was in zahlreichen Unternehmen für die erfolgreiche Einführung von Scrum zunächst eine *generelle Veränderung der*

Unternehmenskultur erforderlich macht. Denn es ist keine Seltenheit, dass Mitarbeiter in besagten Unternehmen im Falle individueller Versäumnisse mit Konsequenzen rechnen müssen. An dieser Stelle muss in den entsprechenden Unternehmen somit grundsätzlich umgedacht werden: es muss zunächst erkannt und anschließend klar kommuniziert werden, dass die Einführung agiler Methoden einen Paradigmenwechsel innerhalb der Organisation darstellt. Dieser wirkt sich auch entscheidend auf die *unternehmensinterne Führungskultur* aus - mit der Einführung agiler Methoden müssen Führungskräfte damit rechnen, dass ihre Funktion in der ursprünglichen Form nicht beibehalten werden kann. Während Vorgesetzte in klassisch hierarchisch geführten Unternehmen zuvor eher delegiert haben, sind sie mit der Einführung agiler Methoden zunehmend in unterstützender Funktion gefragt, etwa als Coach des Scrum Teams. In diesem Zusammenhang ist bekannt, dass die Implementierung agiler Methoden das uneingeschränkte *Commitment der Führungsebene* voraussetzt. In traditionellen Unternehmen existieren darüber hinaus häufig stark ausgeprägte und über Jahre etablierte Kontroll- und Planungsmechanismen, die die Implementierung von agilen Projektmanagementmethoden zusätzlich erschweren.

Dimension Technik

Auf technischer Ebene stellt die häufig *unzureichende Verfügbarkeit eines Sets agiler Praktiken und Vorgehensweisen* eine Herausforderung bei der Implementierung agiler Projektmanagement-Methoden dar. Daraus kann geschlossen werden, dass eine erfolgreiche Einführung von Scrum den externen Einkauf von entsprechendem Know How erforderlich machen kann, was für Unternehmen zusätzlichen finanziellen und zeitlichen Aufwand darstellt. Darüber hinaus fehlt es häufig an *adäquaten Projektmanagement-Werkzeugen*, die für eine erfolgreiche Projektdurchführung nach agilen Methoden notwendig sind (Weinrich, Volland, & Muntermann, 2016, S. 82).

5   Fazit

Die Globalisierung der Wirtschaft, sich immer schneller wandelnde gesellschaftliche Trends und die stetig voranschreitende Digitalisierung stellen Unternehmen vor neue Herausforderungen. Die steigende Komplexität macht es notwendig, Aufgaben in Projekten zu bearbeiten, wobei sich die Anforderungen permanent ändern können. Diese Entwicklung äußert sich in einem Anstieg der Popularität von agilen Projektmanagement-Methoden, wobei Scrum die am weitest verbreitete Variante darstellt. Im Verlauf der Arbeit konnte festgestellt werden, dass Scrum im Vergleich zum klassischen Projektmanagement einige Vorteile aufweist. Die stark erhöhte Flexibilität in Bezug auf die Projektanforderungen, erhöhte Transparenz und Kundenorientierung sowie die erhöhte Effizienz der Projektdurchführung sind starke Argumente für die Implementierung von agilen Methoden. Auf der anderen Seite stellt die Einführung von Scrum Unternehmen vor nicht zu ignorierende Herausforderungen – so ist es für eine erfolgreiche Umstellung notwendig, dass auf den Ebenen Organisation, Mensch, Prozesse und Technik grundlegende Voraussetzungen gegeben sind. Neben des klaren Commitments der Führungsebene, der Bereitschaft zur Veränderung innerhalb der Belegschaft sowie der Verfügbarkeit entsprechenden Know Hows und Werkzeugen ist dabei insbesondere zu berücksichtigen, dass der Erfolg einer derartigen Umstellung einen Paradigmenwechsel innerhalb der Organisation darstellt. Im Ergebnisteil der vorliegenden Arbeit wird deutlich, dass unternehmensindividuelle Rahmenbedingungen wie Unternehmensgröße, Unternehmenskultur sowie Führungs- und Fehlerkultur die Erfolgsaussichten einer solchen Umstellung entscheidend mitbeeinflussen. Große, eher traditionelle Unternehmen mit etablierten Prozessstrukturen werden bei der Einführung agiler Projektmanagement-Methoden vor größere Probleme gestellt als kleine, bewegliche Unternehmen. Abschließend lässt sich somit feststellen, dass agiles Projektmanagement in Form von Scrum im Hinblick auf die Herausforderungen der Digitalisierung und der sich permanent im Wandel befindlichen gesellschaftlichen Trends erhebliche Vorteile für Unternehmen mit sich bringen kann. Voraussetzung dafür ist jedoch, dass unternehmensintern die entsprechenden Rahmenbedingungen gegeben sind bzw. geschaffen werden können. Die Frage, ob die Implementierung von Scrum als agile Projektmanagement-Methode im Vergleich zum klassischen Projektmanagement von Vorteil ist, lässt sich somit nicht pauschal beantworten. Vielmehr gilt es unternehmensindividuell zu entscheiden, ob eine solche Maßnahme – insbesondere unter wirtschaftlichen Gesichtspunkten - sinnvoll ist.

III. Literaturverzeichnis

Angermeier, G. (2012). Initialisierung (DIN 69901-2). *Projektmagazin*. Von Projektmagazin: https://www.projektmagazin.de/glossarterm/initialisierung-din-69901-2 abgerufen

Arndt, C., & et.al. (2009). *Best Practices in der Softwareentwicklung*. Münster.

Bause, K. (2018). *Vorgehensweisen, Möglichkeiten und Risiken in der Umstellung zum agilen Projektmanagement*.

Delp, M. (2010). *Projektmanagement in der Medienproduktion*. Von Mediencommunity: https://www.mediencommunity.de/system/files/wbts/projektmanagement/le01/24_grnde_fr_projektmanagement_und_erfolgsfaktoren.html abgerufen

Dräther, R., Koschek, H., & Sahling, C. (2013). *Scrum kurz & gut*. O'Reilly Verlag GmbH & Co. KG.

Fiedler, M. (2017). *Lean Construction – Das Managementhandbuch: Agile Methoden und Lean Management im Bauwesen*. München: Springer Verlag.

Georg, A. (2015). Entwicklungsteam (Scrum). *Projektmagazin*. Von Projektmagazin. abgerufen

Gubelmann, J., & Romano, R. (2011). *ICT-Projektplanung und -überwachung*. Zürich: Compendio Bildungsmedien.

Heimrath, M. (2018). *Agiles Projektmanagement - Scrum für Einsteiger (eBook)*. Independently Published.

Jenni, J., & Wandfluh, S. (2013). Ein Interview mit dem Product Backlog.

Jenny, B. (2009). *Projektmanagement: Das Wissen für eine erfolgreiche Karriere*. Zürich: vdf Hochschulverlag AG.

Jenny, B. (2016). *Projektmanagement: Das Wissen für eine erfolgreiche Karriere*. Zürich: vdf Hochschulverlag AG.

Jungwirth, K. (2016). *Das Beste aus zwei Welten: Klassische und agile Methoden*. Von InLoox : https://www.inloox.de/unternehmen/blog/artikel/das-beste-aus-zwei-welten-klassische-und-agile-methoden/ abgerufen

Jungwirth, K. (2016). *Scrum Grundlagen einfach erklärt: Der Sprint*. Von InLoox: https://www.inloox.de/unternehmen/blog/artikel/scrum-grundlagen-einfach-erklaert-der-sprint/ abgerufen

Kerner, P. (2018). *Agiles Projektmanagement*. CreateSpace Independent Publishing Platform.

Mai, J. (2015). *Projektmanagement: Methoden für bessere Projekte*. Von Karrierebibel: https://karrierebibel.de/projektmanagement/ abgerufen

Maximini, D. (2013). *Scrum - Einführung in der Unternehmenspraxis*. Berlin Heidelberg: Springer Gabler.

Meiners, L. (2018). *Agiles Projektmanagement - Scrum für Einsteiger (eBook)*. Düsseldorf: Independently published.

Meyerbröker, P. (2011). Agiles Projektmanagement. *ProjektMagazin*.

Nell, F. v. (2017). *Leadership in Organisationen mit reduzierten Hierarchien* . Friedrichshafen: Springer Gabler.

Neus, S., Trompeter, J., & Mandischer, M. (2011). *Scrum Kompakt (eBook)*. Lünen: itemis AG.

Pichler, R. (2008). *SCRUM - Agiles Projektmanagement erfolgreich einsetzen* . Heidelberg: dpunkt.verlag GmbH.

Preußig, J. (2015). *Agiles Projektmanagement*. Freiburg: Haufe-Lexware GmbH & Co. KG.

Raaven, A. v. (2018). *Agiles Projektmanagement - Scrum für Einsteiger (eBook)*. Amazon Media EU S.à r.l.

Rubin, & Lichtenberg. (2014). *Essential Scrum: Die wesentlichen Aspekte von Scrum zum Lernen und Nachschlagen*. Heidelberg: Hüthling Jehle Rehm GmbH.

Sapper, R. (2007). *Kriterien und Elemente zum spezifischen Projektmanagement von Investitionsprojekten im chemischen und pharmazeutischen Anlagenbau*. Kassel: kassel university press GmbH .

Schneegans, M. (2012). "Klassisches" versus agiles IT-Projektmanagement. *Amendos Whitepaper*.

Trepper, T. (2012). *Agil-Systematisches Softwareprojektmanagement*. Wiesbaden: Gabler Springer.

Vorlauf, A. (2008). *Projektmanagement*. Von IKZM-D Lernen: https://www.ikzm-d.de/modul.php?show=48 abgerufen

Wanner, R. (2018). *SCRUM - Agiles Projektmanagement und Scrum erfolgreich einsetzen*. Luxembourg: Amazon Media EU .

Weinrich, T., Volland, A., & Muntermann, J. (2016). *Herausforderungen bei der Einführung agiler Vorgehensmodelle*. Bonn: Gesellschaft für Informatik e.V. (GI).

Wieczorrek, H. (2010). *Management von IT-Projekten*. Berlin, Heidelberg: Springer Verlag.

Wieczorrek, H. (2011). *Management von IT-Projekten*. Berlin, Heidelberg: Springer-Verlag.

Willkommer, J. (2017). *Agiles Projektmanagement – Projektentwicklung mit Scrum, Kanban & Co.*